BEI GRIN MACHT SICH IHR WISSEN BEZAHLT

- Wir veröffentlichen Ihre Hausarbeit,
  Bachelor- und Masterarbeit

- Ihr eigenes eBook und Buch -
  weltweit in allen wichtigen Shops

- Verdienen Sie an jedem Verkauf

Jetzt bei www.GRIN.com hochladen
und kostenlos publizieren

Technische Realisierung eines wenig komplexen Online-Systems

Fabian Schnabel

Bibliografische Information der Deutschen Nationalbibliothek:

Die Deutsche Nationalbibliothek verzeichnet diese Publikation in der Deutschen Nationalbibliografie; detaillierte bibliografische Daten sind im Internet über http://dnb.d-nb.de abrufbar.

ISBN: 9783346836649
Dieses Buch ist auch als E-Book erhältlich.

Druck und Bindung: Books on Demand GmbH, Norderstedt Germany
Gedruckt auf säurefreiem Papier aus verantwortungsvollen Quellen

Das vorliegende Werk wurde sorgfältig erarbeitet. Dennoch übernehmen Autoren und Verlag für die Richtigkeit von Angaben, Hinweisen, Links und Ratschlägen sowie eventuelle Druckfehler keine Haftung.

Das Buch bei GRIN: https://www.grin.com/document/1335574

Schnabel, Fabian

Assignment

Technische Realisierung eines wenig komplexen Online-System

Studiengang:	Wirtschaftsinformatik - Bachelor of Science (B. Sc.)
Modul:	Integrierte Projektwerkstatt 3 (WIN32)
Datum:	29.11.2022

Inhaltsverzeichnis Seite

I

Abbildungsverzeichnis

1 Einleitung

1.1 Begründung der Problemstellung

Webanwendungen sind im modernen Alltag allgegenwärtig. Im privaten wie auch im unternehmerischen Umfeld werden webbasierte Anwendung für die unterschiedlichsten Zwecke eingesetzt. Diese können von Webseiten, welche Medieninhalte darstellen, bis hin zur Abwicklung des Bankengeschäfts über den Browser variieren. Für jede Webanwendung gilt jedoch die gleiche Regel zur Umsetzung. Die Kundenanforderungen sollen innerhalb der festgelegten Kriterien so genau wie möglich umgesetzt werden. Der Softwareentwickler steht demnach vor der Herausforderung alle funktionalen und nicht-funktionalen Anforderungen, unter Verwendung der vielfältigen Protokolle und Programmiersprachen in Webumgebungen, so präzise wie möglich zu realisieren um dem Kunden das geforderte Ergebnis liefern zu können.

Das Fundament der zentralen Projektarbeit zur Realisierung eines Aufgabenmanagements als Webanwendung wurde bereits in den beiden vorangegangenen Modulen WIN30 und WIN31 mit der Erstellung des Prototyps unter Anwendung eines Mockup-Tools und der Ausführung des Pflichtenhefts gelegt.[1]

1.2 Aufbau und Zielsetzung der Arbeit

Das Ziel der vorliegenden Arbeit besteht darin den zuvor im Modul WIN30 konzipierten Prototypen eines webbasierten Aufgabenmanagements und das darauf basierende Pflichtenheft aus WIN31 technisch zu realisieren.

Zu Beginn dieser Arbeit wird die Vorgehensweise zur Realisierung der Web-Anwendung beschrieben. Hierfür wird auf die Ausgangssituation eingegangen, sowie auf die Organisationsweise des Projekts. Am Ende des Kapitels wird der angestrebte Zustand der Web-Anwendung und dessen Architektur erläutert. Im nachfolgenden Abschnitt folgt die konzeptionelle Umsetzung der Web-Anwendung. Dabei werden die einzelnen Komponenten im Detail mit deren Umsetzungsschritten in Betracht gezogen. Darunter fallen die Datenbank, die Webseite und die Webanwendung. Am Schluss wird eine Dokumentation der wichtigsten Ergebnisse der Arbeit, gefolgt von einer kritischen Würdigung, dargestellt.

---

[1] vgl. Rohr (2018), S. V f.

1

2 Vorgehensweise zur Realisierung der Anwendung

2.1 Ausgangssituation

Die grundlegende Aufgabenstellung im Modul WIN32 ist die technische Umsetzung eines wenig komplexen Online-Systems. Bezüglich der Auswahl des zentralen Projektgegenstands ist die Entscheidung auf ein webbasiertes Aufgabenmanagement gefallen. Hierbei sollen wesentliche Bestandteile der Auszeichnungssprachen HTML und CSS, der Skriptsprachen PHP und JavaScript, und der Datenbanksprache SQL angewendet werden.

In den beiden vorherigen Modulen der integrierten Projektwerkstatt WIN30 und WIN31 wurde bereits das Fundament der Webanwendung durch die Konzipierung eines Prototyps, sowie durch die Erstellung eines Leitfadens zur Umsetzung in Form eines Pflichtenhefts, gelegt.

Die Umsetzung der technischen Anforderungen an die Webanwendung wird durch die Verwendung eines Texteditors realisiert und soll nach dessen Fertigstellung auf einem Webserver eines Anbieters mit einer entsprechenden Domäne übertragen werden, wodurch die Erreichbarkeit über das Internet gegeben sein soll. Der Webhosting Anbieter soll dabei kompatibel mit allen Anforderungen und Umsetzungen sein und zudem, aufgrund der Wirtschaftlichkeit, die geringsten Kosten aufweisen.

2.2 Projektorganisation

Anlässlich des geringen Umfangs und der begrenzten Komplexität des Projekts, sowie der bereits im Vorfeld abgeschlossenen Tätigkeiten der dazugehörigen Module, ist die Entscheidung bezüglich der Vorgehensweise auf den klassischen Ansatz gefallen. Unterteilt wird das gesamte Projekt dabei die fünf Phasen Beauftragung, Initialisierung, Konzept, Realisierung und Einführung.

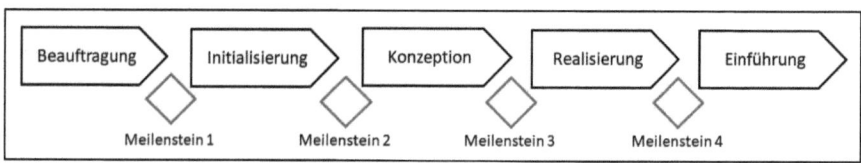

Abbildung 1: Fünf Phasen der klassischen Vorgehensweise im Projekt WIN32[2]

---

[2] ähnlich: Kuster/Bachmann/Hubmann/Lippmann/Schneider (2022), S. 21

Die zeitliche Abarbeitung der Abschnitte findet in der Reihenfolge der Aufzählung statt. Dadurch können in Kombination mit Meilensteinen die Vorteile der Überschaubarkeit und Kontrolle bei der Verwendung eines klassischen Vorgehensmodells in Anspruch genommen werden.

Da im Vorhinein bereits Arbeiten durchgeführt worden sind ist der Einstiegspunkt zu diesem Zeitpunkt nicht in Phase eins. Die Beauftragung des Projekts durch die AKAD University hat bereits im Modul WIN30 stattgefunden. Hierbei wurde eine konkrete Problemstellung formuliert und somit der Anstoß zur Umsetzung gegeben. Durch die rudimentäre Formulierung der Anforderungen hat zudem bereits der Übergang in die Initialisierungsphase stattgefunden. Die Vervollständigung diese Phase ist jedoch mit der Erstellung des Pflichtenhefts in WIN31 erfolgt. Diesbezüglich wurde im Detail die Ausgangssituation und Zielsetzung mit allen Anforderungen an das Ergebnis ausformuliert. Weiterhin wurden wichtige Stakeholder und eine grobe Struktur des Projekts festgehalten.

Dementsprechend ist der Einstiegspunkt im Modul WIN32 die Konzeptionsphase mit anschließender Realisierung und Einführung.

In der Konzeptionsphase werden im Regelfall mehrere Lösungsvarianten ausgearbeitet. Da in diesem Projekt jedoch feste Vorgaben herrschen und die Größe beschränkt ist wird es infolgedessen nur eine Lösungsvariante mit Plänen und Lösungskonzepten geben (vgl. Kapitel 2.3). Zum Beispiel wird für die Erstellung der MySQL Datenbank ein ER-Modell erstellt.

Die Realisierungsphase beinhaltet die Durchführung der geplanten Arbeiten aus der Konzeptions- und Initialisierungsphase. Währenddessen soll ein regelmäßiges Controlling der Erreichung der gesetzten Ziele durchgeführt werden.

In der Einführungsphase wird das Projekt an die AKAD University zusammen mit den Dokumenten aus WIN32 übergeben.[3]

---

[3] vgl. Kuster/Bachmann/Hubmann/Lippmann/Schneider (2022), S. 20 ff.

2.3   Soll-Zustand

Die funktionalen und nicht-funktionalen Anforderung an das Endergebnis stellen den Soll-Zustand der Anwendung dar. Die Ziele des Projekts und deren Umsetzungsstrategien werden aus diesen Anforderungen abgeleitet und sind somit für den erfolgreichen Abschluss entscheidend. Hierbei spielt die Minimierung des Risikos für Misserfolg durch die Erarbeitung von Lösungskonzepten eine entscheidende Rolle.

Bezüglich der Datenbank wurde ein Konzept in Form eines ER-Modells (siehe Abbildung 2) erstellt. Der Fokus liegt diesbezüglich ausschließlich auf der Frage nach den relevanten Daten für das Aufgabenmanagement. Dabei werden Entitäten, welche eindeutig identifizierbaren Objekten mit individuellen Eigenschaften aus der realen Welt entsprechen, identifiziert und deren Beziehungen zueinander beschrieben. Besitzen mehrere Entitäten die gleichen Attribute können diese einem gemeinsamen Entitätstyp zugeordnet werden. Der Entitätstyp wirkt infolgedessen wie ein fundamentaler Baustein für die Erstellung derartiger Enitäten. Beziehungen zwischen zwei Entitätstypen werden durch deren Kardinalität beschrieben. Sie lässt sich in die drei Kategorien 1:1, 1:n und n:m einteilen. Anhand der Beziehung zwischen Aufgabe und Teilaufgabe (siehe Abbildung 2) lässt sich beispielhaft die Identifizierung der Kategorie erläutern. Hierbei wird zuerst aus der Sichtweise der Aufgabe gedacht und die Frage gestellt, wie viele Teilaufgaben eine Aufgabe besitzen kann. Folglich wird ein n auf der Teilaufgabenseite gesetzt, da eine Aufgabe mehrere Teilaufgaben besitzen kann. Anschließend dreht sich die Sichtweise und folglich wird eine 1 auf der Aufgabenseite notiert, da eine Teilaufgabe nur Teil einer Aufgabe zugeordnet sein kann.[4] [5]

---

[4] vgl. Kleuker (2016), S. 23 ff.
[5] vgl. Schicker (2017), S. 81 ff.

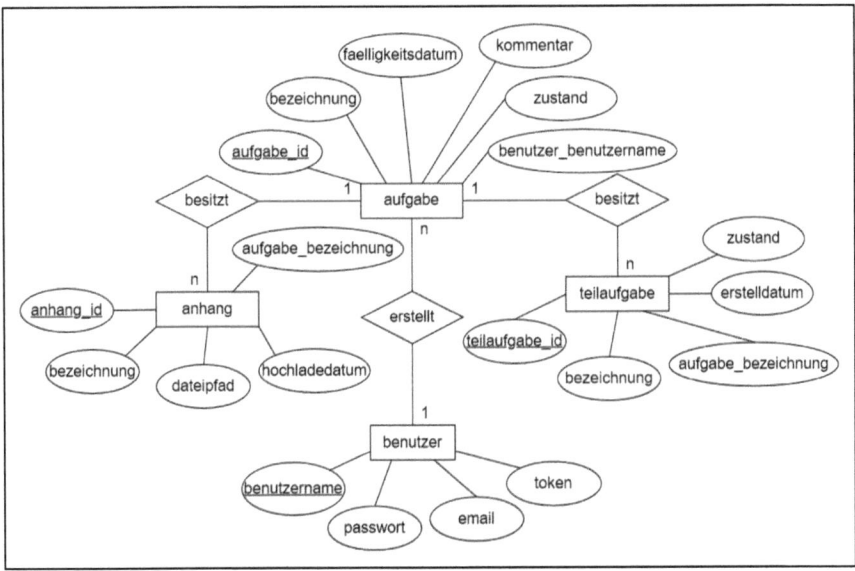

Abbildung 2: ER-Modell der SQL-Datenbank[6]

Für die Webprogrammierung wurde durch die Erstellung des Prototyps in WIN30 bereits ein optisches Lösungskonzept vorgelegt. Das Endergebnis soll sich bezüglich des Designs nicht signifikant von dem des Prototyps unterscheiden. Um bei der Programmierung das Risiko für Fehler zu minimieren wurde sich für eine klassische Vorgehensweise entschieden. Innerhalb der Realisierungsphase werden die einzelnen Anforderungen an die Funktionalität schrittweise umgesetzt und nach jedem abgeschlossenen Schritt auf deren Funktion mit Hilfe eines Meilensteins überprüft. Als Werkzeug zur Erstellung des Codes wird auf die Freeware Notepad++ zurückgegriffen, da die Verwendung dem Interesse der Wirtschaftlichkeit entspricht und zudem eine schlichte Entwicklungsumgebung mit Unterstützungen für die Erstellung des Codes in den geforderten Sprachen vorliegt.[7]

---

[6] Eigendarstellung
[7] Ho, Don (o.J.), Onlinequelle

2.4 Architektur der Web-Anwendung

Das Aufgabenmanagement wird als Web-Anwendung realisiert, wobei in Bezug auf den Aufbau des Systems ein herkömmliches webbasiertes Client-Server-Modell zum Einsatz kommt. Hierbei stellt der Client unter Verwendung eines Browsers eine HTTP-Anfrage an den Webserver, der auch Prozess genannt wird, da er einen Webservice in Anspruch nehmen möchte. Der Webserver verarbeitet die Anfrage durch den Einsatz seiner Logik, die durch den Gebrauch von PHP-Dateien zustande kommt. Er liefert folglich die vollständige Webseite per HTTP-Response an den Client. Gehostet wird dieser Server zusammen mit der MySQL Datenbank bei dem Internetdienstanbieter Strato, da die Webseite zu jedem Zeitpunkt und von jedem Ort aus erreichbar sein soll. Für Strato als Anbieter sprechen die geringen Kosten bei der Inbetriebnahme und beim Betrieb, die einfache Einrichtung, die Integration einer Domäne, die Unterstützung aller verwendeten Sprachen und die Integration einer MySQL Datenbank in das Gesamtsystem.

Zwischen der Anfrage des Clients und der Auslieferung der Webseite kann je nach Art der Anfrage eine Inanspruchnahme der Datenbank erfolgen. Hierfür werden SQL-Abfragen in den PHP-Code integriert und zusammen mit dessen Logik verarbeitet, sodass die Webseiten dynamisch dargestellt werden können.[8] [9] [10]

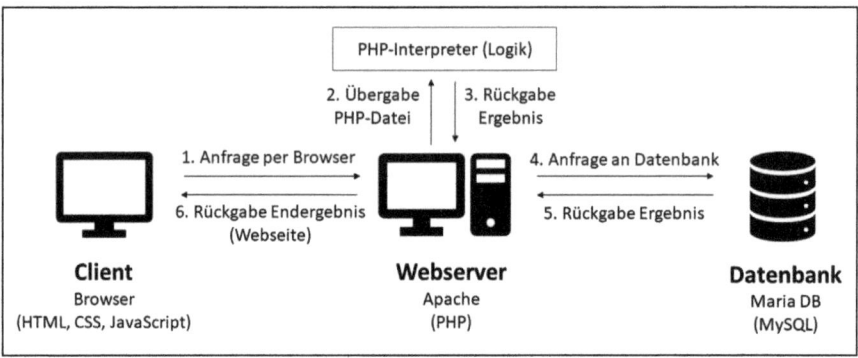

Abbildung 3: Darstellung des Client-Server-Modells des webbasierten Aufgabenmanagements[11]

---

[8] vgl. Bengel (2014), S. 22 f.
[9] vgl. Bühler/Schlaich/Sinner (2018), S. 54, 80 f.
[10] Strato (o. J.), Onlinequelle
[11] ähnlich: o. V. (o. J.), Onlinequelle

3   Konzeptionelle Umsetzung

Das Aufgabenmanagement wird über den Internetanbieter Strato gehostet. Dieser stellt den Webserver inklusive Domäne und eine MySQL Datenbank zu Verfügung. Erreichbar ist das System unter der folgenden URL: http://studsched.com/Website/Login/Index.php.

3.1   MySQL Datenbank

Die Realisierung der Datenbank erfolgt nach dem konzipiertem ER-Modell (siehe Abbildung 2). Das relationale Datenbankmanagementsystem, welches in der Kombination mit MySQL verwendet wird, verwaltet die Daten in der Datenbank anhand von Tabellen und deren Beziehungen. Es sorgt des Weiteren für die Einhaltung der Datenbankintegrität, den geordneten Zugriff mehrerer Nutzer auf die Daten und stellt weitere Funktionen zur Verfügung. Die Umsetzung beginnt daher mit der Erstellung der Tabellen für die definierten Entitätstypen. Hierfür wird der CREATE TABLE-Befehl verwendet. Innerhalb dieses Kommandos werden die Attribute und deren Einschränkungen (engl. constraints) definiert, sowie die Abhängigkeiten zu anderen Tabellen durch Fremdschlüssel (engl. foreign key). Constraints lassen sich in strukturelle Regeln und Verhaltensregeln unterteilen, wobei ersteres einen Zustand für eine Ausführung voraussetzt und letzteres den Vollzug von Änderungen betrifft. Beispielhaft für eine Einschränkung ist „NOT NULL" im Kontext des Attributs „bezeichnung", welche leere Attributwerte diesbezüglich verhindert und somit eine strukturelle Regel darstellt (siehe Abbildung 4).[12] [13]

```
CREATE TABLE aufgabe
(aufgabe_id INT NOT NULL AUTO_INCREMENT,
bezeichnung VARCHAR(255) UNIQUE NOT NULL,
faelligkeitsdatum DATE,
kommentar VARCHAR (500),
zustand VARCHAR(255),
benutzer_benutzername VARCHAR(50),
PRIMARY KEY (aufgabe_id, bezeichnung),
FOREIGN KEY (benutzer_benutzername) REFERENCES Benutzer (benutzername));
```

Abbildung 4: Anwendung von MySQL zur Erstellung der Tabelle des Entitätstypen "aufgabe"[14]

---

[12] vgl. Kleuker (2016), S. 4 ff.
[13] vgl. Studer (2019), S. 18 ff.
[14] Eigendarstellung

Datentypen werden im Erstellprozess der Tabelle direkt hinter den Namen des Attributs geschrieben. Sie legen die Domäne eines Attributs fest. So steht beispielsweise der Ausdruck „VARCHAR (50)" für eine Zeichenkette mit der Länge 50.[15]

Der Zugriff auf die Datenbank erfolgt durch den Einsatz der Skriptsprache PHP in Kombination mit SQL-Statements. Um eine Abfrage der Datenbank starten zu können muss vorerst die Verbindung zur Datenbank hergestellt werden. Hierfür werden die Zugangsdaten der Datenbank innerhalb der Variable „$conn" abgelegt (siehe Abbildung 5).

```php
//Zugangsdaten der Datenbankverbindung

$server = "localhost";
$user = "root";
$pass = "";
$dbname = "aufgabenmanagement_database";

//Erstellung der Datenbankverbindung
$conn = new mysqli($server, $user, $pass, $dbname);

//Kontrolle der Datenbankverbindung
if($conn->connect_error){
    die("Connection failed:" . $conn->connect_error);
}
```

Abbildung 5: Konfiguration der Datenbankverbindung mit PHP[16]

Für die Datenbankabfragen wird neben dem eigentlichen SQL-Statement zusätzlich die Variable „$conn" zusammen mit der Funktion „mysqli_real_escape_string()" aufgerufen um mittels POST- und Session-Variable auf der Webseite eingegebene Werte zu erfassen und eigenständige Variablen zu initialisieren. Diese Variablen werden nachfolgend in das SQL-Statement integriert und ausgeführt. Kommt es dabei zu einer fehlerhaften Verbindung wird eine Fehlermeldung ausgegeben (Siehe Abbildung 6).[17]

---

[15] vgl. Ebenda, S. 109 f.
[16] Eigendarstellung
[17] vgl. Böhringer/Bühler/Schlaich/Sinner (2014), S. 256 ff.

```
//Variablen initialisieren
$Bezeichnung = mysqli_real_escape_string($conn, $_POST['Bezeichnung']);
$Fälligkeitsdatum = mysqli_real_escape_string($conn, $_POST['Fälligkeitsdatum']);
$Kommentar = mysqli_real_escape_string($conn, $_POST['Kommentar']);
$Benutzer = mysqli_real_escape_string($conn, $_SESSION['benutzername']);

//SQL-Statement neue Aufgabe anlegen
$sql1 = "INSERT INTO aufgabe (bezeichnung, faelligkeitsdatum, kommentar, zustand, benutzer_benutzername)
        VALUES ('$Bezeichnung', '$Fälligkeitsdatum', '$Kommentar', 'offen', '$Benutzer')";

//Ausführung des SQL-Statements
try{
if($conn->query($sql1) === TRUE){
 echo "Die Aufgabe wurde erfolgreich angelegt.<br><br><a href='../Startseite/Startseite.php'
        target='_top' style='color: black'>Hier geht es zurück zur Startseite</a>";
}
else
{
 echo "Error" . $sql1 . "<br/>" . $conn->error;
}
}
catch (mysqli_sql_exception $e){
    echo "Die Bezeichnung exisitiert bereits. Bitte wählen Sie eine neue Bezeichnung.<br>
          <input type='button' value='Zurück' onclick='history.back()'>";
}
$conn->close();
```

Abbildung 6: Ausführung eines SQL-Statements[18]

3.2 Webseite

Die Webseiten des Aufgabenmanagements werden durch die Anwendung der Hypertext Markup Language, kurz HTML, realisiert. HTML ist eine Auszeichnungssprache, welche die Möglichkeit verschiedene Webseiten durch den Einsatz von Verlinkungen miteinander zu verbinden bietet. Die Beschreibung der einzelnen Bestandteile einer Seite erfolgt mit sogenannten Tags, die durch spitze, horizontal ausgerichtete, Klammern markiert werden. Sie legen den Aufbau und die Struktur der Darstellung fest. Diese Tags können beispielsweise einen Bereich im Dokument definieren, der eine Überschrift darstellen soll.[19]

Jede Webseite hat einen grundlegenden Aufbau, welcher aus einem Dokumententyp, Dateikopf und Dateikörper besteht. Innerhalb dieser Bereiche werden die Inhalte der Webseite integriert. Im Kopf (engl. head) werden primär Metadaten, was Daten über das Dokument selbst sind, und notwendige Funktionalitäten, wie beispielsweise eine Verlinkung für JavaScript Funktionen, angegeben (siehe Abbildung 7).

---

[18] Eigendarstellung
[19] vgl. Bühler/Schlaich/Sinner (2017), S. 2 f.

```
<head>
<meta charset="UTF-8">
 <meta name="description" content="Index">
 <meta name="keywords" content="HTML, CSS, JavaScript">
 <meta name="author" content="Fabian Schnabel">
 <title>Aufgabenmanagement: Neue Aufgabe anlegen</title>
 <link rel="icon" type="image/x-icon" href="../Grafiken/favicon.ico">
 <script type="text/javascript" src="https://code.jquery.com/jquery-3.6.1.min.js"></script>
 <style>

#a{
    margin-top: -8.5%;
}


</style>
</head>
```

Abbildung 7: HTML-Dokumentenkopf[20]

Der Körper (engl. body) ist für die sichtbaren Inhalte der Webseite vorgesehen. Dazu zählen unter anderem Formulare, die im Falle des Projekts im Körper des Dokuments für die Eingabe von Daten eingesetzt werden. Weitere nennenswerte Bestandteile des Dokumentenkörpers sind Fenster und Tabellen. Eine Kombination der genannten Punkte ist oftmals gegeben (siehe Abbildung 8).[21]

```
<body>
<p idea>
<table width="40%" border="0" cellspacing="20" align="left" style="font-size:150%">
<form action="NeueAufgabeAnlegenTransport.php" method="post">
<tr><th align="left">
<label>Bezeichnung:</label><th align="left"><input type="text" name="Bezeichnung" id="Bezeichnung" size="50" required></th><br/><br/>
</th></tr>
<tr><th align="left">
<label>Fälligkeitsdatum:</label><th align="left"><input type="date" name="Fälligkeitsdatum" id="Fälligkeitsdatum" required></th><br/><br/>
</th></tr>
<tr><th align="left">
<tr><th align="left">
<label>Kommentar:</label><th align="left"><textarea name="Kommentar" id="Kommentar" cols="40" rows="4" required></textarea></th><br/><br/>
</th></tr>
<tr></tr><td></td><tr><th>
<th align="left">
<input type="submit" value="Anlegen">
<a href="../Startseite/Startseite.php" target="_top"><input type="button" value="Abbrechen" /></a>
</th></th></tr>
</table>
</p>
</body>
```

Abbildung 8: HTML-Dokumentenkörper[22]

Für die Trennung von Struktur und Design bei der Webseitenerstellung sprechen viele Vorteile. Unter anderem ist die unabhängige Bearbeitung von Aussehen und Inhalt möglich, sowie eine dynamische Darstellung der Webseite und die Speicherung des Designs in einer eigenen Datei, was eine gute Verwaltung begünstigt. Die Umsetzung dieser Anforderung erfolgt durch den Einsatz der Formatierungssprache Cascading Style Sheets, kurz CSS.

---

[20] Eigendarstellung
[21] vgl. Bühler/Schlaich/Sinner (2017), S. 6
[22] Eigendarstellung

Bezüglich des Projekts wurde CSS in Form eines Style-Tags im Header jedes Dokuments angewendet (siehe Abbildung 9). [23]

```
<style>
#a{
    text-align: center;
}

input[type=text]{
    padding: 10px;
    margin: 1px;
    border-radius: 10px;
}

input[type=email]{
    padding: 10px;
    margin: 1px;
    border-radius: 10px;
}

input[type=password]{
    padding: 10px;
    margin: 1px;
    border-radius: 10px;
}
</style>
```

Abbildung 9: Beispielhafte Anwendung von CSS innerhalb eines Style-Tags[24]

Zur unabhängigen Strukturbeschreibung eines Dokuments und für die universelle Übertragung von Daten stellt XML oftmals eine geeignete Möglichkeit dar. In diesem Projekt wurde diese Auszeichnungssprache nicht angewendet, jedoch will der Autor dennoch durch eine kurze Beschreibung die Wichtigkeit dieser Sprache in Client-Server-Umgebungen unterstreichen. Hinsichtlich der übergreifenden Verfügbarkeit von Informationen bezüglich mehrerer Medien bietet XML eine Ausgangsbasis für die automatisierte Erstellung der notwendigen Dateien. Man beschreibt diese Vorgehensweise als „Single-Source Publishing". Bei der Umwandlung müssen jedoch die Gegebenheiten der anderen Sprache sorgfältig betrachtet werden, da dieser Vorgang möglicherweise zu Konvertierungsproblemen führen kann. Die Bestandteile beschränken sich ähnlich zu HTML auf das Dokument selbst, den Inhalt, die Struktur und das Layout. Dementsprechend vergleichbar werden zu Beginn der Textdatei Metadaten beschrieben und nachfolgend die XML-Daten mit entsprechenden Tags dargestellt.[25]

---

[23] vgl. Bühler/Schlaich/Sinner (2017), S. 44 f.
[24] Eigendarstellung
[25] vgl. Becher (2021), S. 1 ff.

3.3 Webanwendung

Nach der Erstellung der Datenbank und der Konfiguration der Webseite folgt die Implementierung der Logik um den Anforderungen an die Dynamik gerecht zu werden. Wie bereits in der Architekturbeschreibung des Aufgabenmanagements beschrieben (siehe Abbildung 3) wird die Logik serverseitig mittels PHP integriert. Weitere dynamische Elemente werden durch JavaScript realisiert.

Wird die Webseite aufgerufen sieht der Benutzer zuerst die Anmeldemaske (siehe Anhang 1). Die Anmeldedaten werden mit Hilfe eines Formulars erfasst und durch PHP verarbeitet. Dabei wird unter anderem eine Session gestartet und die Anmeldedaten werden mit den entsprechenden Einträgen aus der Datenbank abgeglichen (siehe Abbildung 10). Wenn ein Eintrag für den Benutzer mit Passwort vorliegt wird der Benutzer angemeldet und zur Startseite weitergeleitet. Falls beim Abgleich kein Wert zurückgegeben wird gibt die Seite eine Fehlermeldung aus und die Anmeldung schlägt fehl. Weiterhin ist die Möglichkeit durch Verlinkungen gegeben einen neuen Benutzer anzulegen oder für einen bestehenden User das Passwort per E-Mail zurückzusetzen.

```php
<?php
    if(isset($_POST["submit"])){        //"Wenn das Formular abgesendet wurde"
        require("Datenbank.php");        //Datenbankverbindung
        $abfrage = $mysql->prepare("SELECT * FROM benutzer WHERE benutzername = :user"); //Username überprüfen
        $abfrage->bindParam(":user", $_POST["benutzername"]);
        $abfrage->execute();
        $count = $abfrage->rowCount();
        if($count == 1){
            //Anmeldung ist möglich, wenn ein Wert zurück kommt
            $row = $abfrage->fetch();
            if(sha1($_POST["pw"]) == $row["passwort"]){
                session_start();
                $_SESSION["benutzername"] = $row["benutzername"];
                header("Location: ../Startseite/Startseite.php");
            } else{
                echo "Die Anmeldung ist fehlgeschlagen.";
            }
        } else {
            echo "Die Anmeldung ist fehlgeschlagen.";
        }
    }
?>
<h1 align="center">Anmeldung für das Aufgabenmanagement</h1>
<form action="Index.php" method="post"  align="center">
 <input type="text" name="benutzername" placeholder="Benutzername" required><br>
 <input type="password" name="pw" placeholder="Passwort" required><br>
 <button type="submit" name="submit">Anmelden</button>
</form>
<br>
<p id="a"><a href="Registrierung.php">Noch keinen Account? Klicke hier für die Registrierung</a></p>
<br>
<p id="a" style="margin-top: -2%"><a href="NeuesPasswort.php">Passwort vergessen?</a></p>
```

Abbildung 10: Login-System[26]

---

[26] Eigendarstellung

Ist die Anmeldung erfolgt wird die Startseite mit allen Aufgaben angezeigt (siehe Anhang 2). Die Startseite besteht aus der Überschrift, einer Navigationsleiste und einem Körper, welcher alle Aufgaben des angemeldeten Benutzers in einer Liste anzeigt. Hierfür wird innerhalb der PHP-Sektion eine Datenbankabfrage durchgeführt (siehe Abbildung 11).

```php
$con = mysqli_connect("localhost","root","","aufgabenmanagement_database");
if (mysqli_connect_errno()) {
    echo "Failed to connect to MySQL: " . mysqli_connect_error();
    exit();
}
// Perform query
$Benutzer = mysqli_real_escape_string($con, $_SESSION['benutzername']);
$result = mysqli_query($con, "SELECT * FROM aufgabe WHERE benutzer_benutzername='$Benutzer'");
```

Abbildung 11: Datenbankabfrage der Aufgaben des Benutzers auf der Startseite[27]

Die Darstellung der ausgelesenen Aufgaben in Form von Feldern wurde durch den Einsatz einer Tabelle realisiert. Zu diesem Zweck ist eine Schleife, die Stück für Stück die Einträge durchläuft und alle passenden Datensätze ausgibt, unumgänglich. Jedes Ergebnis wird in eine eigene Zelle gepackt und somit wird die Tabelle dynamisch nach der vorliegenden Menge erweitert (siehe Abbildung 12). Die Felder an sich zeigen die Aufgabenbezeichnung, den Fortschritt und das Fälligkeitsdatum an.

```php
<table id="ansicht" align="center" border="0" style="width:100%; border-collapse: seperate; border-spacing: 10px">
<div id="container">
    <?php
    while($rows = mysqli_fetch_assoc($result)){

        //Fortschrittsbalken
        $bezeichnung = $rows['bezeichnung'];

        $resultTAgesamt = mysqli_query($con, "SELECT * FROM teilaufgabe WHERE aufgabe_bezeichnung='$bezeichnung'");
        $resultTAabgeschlossen = mysqli_query($con, "SELECT * FROM teilaufgabe
                                 WHERE aufgabe_bezeichnung='$bezeichnung' AND zustand='abgeschlossen'");

        $anzahlTAgesamt = mysqli_num_rows($resultTAgesamt);            //Anzahl aller TAs
        $anzahlTAabgeschlossen = mysqli_num_rows($resultTAabgeschlossen);  //Anzahl aller abgeschlossenen TAs

        try{
            $AnteilTAabgeschlossen = ($anzahlTAabgeschlossen/$anzahlTAgesamt)*100;
            $AnteilTAabgeschlossen = round($AnteilTAabgeschlossen, 0, PHP_ROUND_HALF_UP);
        }catch (DivisionByZeroError $e) {
            $AnteilTAabgeschlossen = 0;
        }

        if($rows['zustand'] == 'offen') {
            echo "<tr><td class='searchentry offen' data-search='".$rows['bezeichnung']."' style='position: relative'>
            <h2><a href='../Bearbeitungsmodus/Bearbeitungsmodus.php?a=".$rows['bezeichnung']."'
            target='_top' style='color: black; text-decoration: none'>".$rows['bezeichnung']."</a></h2><br>
            <p id=a>".Fälligkeitsdatum: ".$rows['faelligkeitsdatum']."</p><br>
            <p id=b>Fortschritt: <progress max='100' value='".$AnteilTAabgeschlossen."'></progress></p></td></tr>";
        }else {
            echo "<tr><td class='searchentry abgeschlossen' data-search='".$rows['bezeichnung']."' style='position: relative'>
            <h2><a href='../Bearbeitungsmodus/Bearbeitungsmodus.php?a=".$rows['bezeichnung']."'
            target='_top' style='color: black; text-decoration: none'>".$rows['bezeichnung']."</a></h2><br>
            <p id=a>".Fälligkeitsdatum: ".$rows['faelligkeitsdatum']."</p><br>
            <p id=b>Fortschritt: <progress max='100' value='".$AnteilTAabgeschlossen."'></progress></p></td></tr>";
        }
    }
    ?>
</div>
</table>
```

Abbildung 12: PHP-Code zur Darstellung der Aufgaben in Feldern[28]

---

[27] Eigendarstellung
[28] Eigendarstellung

JavaScript bietet weitere Möglichkeiten eine Webseite dynamisch zu gestalten. So kann durch den Einsatz der Skriptsprache das Verhalten von HTML-Objekten konstruiert werden. Besonders das Klicken oder Verändern von Objekten hat in diesem Projekt in Form des Dropdown-Menüs auf der Startseite stattgefunden. Hierbei kann die Ansicht der Aufgaben nach dem Status sortiert werden. Dafür wird jedes Aufgabenfeld in die Klasse „offen" oder „abgeschlossen" eingeordnet. Je nach Auswahl des Dropdown-Menüs wird die nicht selektierte Klasse ausgeblendet. Zudem wurde für die Suchfunktion JavaScript angewendet um nur selektierte Aufgaben anzeigen zu lassen (siehe Abbildung 13). Implementiert wird der JavaScript-Code innerhalb des Tags „script" im header des Dokuments.

```
<script type="text/javascript">
$('#auswahl').on('change', function(){
    var status = $('#auswahl option:selected').val();
    $('.abgeschlossen').css('display','table-cell');
    $('.offen').css('display','table-cell');
    if (status == "offen") {
        $('.abgeschlossen').css('display','none');
    } else if (status == "abgeschlossen") {
        $('.offen').css('display','none');
    } else if (status == "alle"){
        $('.abgeschlossen').css('display','table-cell');
        $('.offen').css('display','table-cell');
    }
});

$('#searchbutton').on('click', function(){
    var searchValue = jQuery("#search").val();
    $('.searchentry').hide();
    jQuery('*[data-search="'+searchValue+'"]').show();
    if ((jQuery("#search").val()) == ""){
        $('.searchentry').show();
    }
});

</script>
```

Abbildung 13: Realisierung des Dropdown-Menüs und der Suchfunktion mit JavaScript

Für die Erstellung einer Aufgabe (siehe Anhang 3) oder zum Bearbeiten einer bereits erstellten Aufgabe (siehe Anhang 4) werden Formulare verwendet. Diese Formulare stellen Felder zur Verfügung, wobei die dort eingegeben Werte nach dem Einreichen (engl. submit), durch das Klicken eines Knopfs, per POST-Variable an das jeweilige Transport-PHP-Skript übergeben werden, welches nachfolgend die Datenbankoperationen veranlasst (siehe Abbildung 14).[29] [30]

---

[29] vgl. Ernst/Schmidt/Beneken (2020), S. 788 ff.
[30] vgl. Bewersdorff (2018), S. 43 ff.

```
//Variablen initialisieren
$Bezeichnung = mysqli_real_escape_string($conn, $_POST['Bezeichnung']);
$Fälligkeitsdatum = mysqli_real_escape_string($conn, $_POST['Fälligkeitsdatum']);
$Kommentar = mysqli_real_escape_string($conn, $_POST['Kommentar']);
$Benutzer = mysqli_real_escape_string($conn, $_SESSION['benutzername']);

//SQL-Statement neue Aufgabe anlegen
$sql1 = "INSERT INTO aufgabe (bezeichnung, faelligkeitsdatum, kommentar, zustand, benutzer_benutzername)
         VALUES ('$Bezeichnung', '$Fälligkeitsdatum', '$Kommentar', 'offen', '$Benutzer')";

//Ausführung des SQL-Statements
try{
if($conn->query($sql1) === TRUE){
  echo "Die Aufgabe wurde erfolgreich angelegt.<br><br><a href='../Startseite/Startseite.php'
        target='_top' style='color: black'>Hier geht es zurück zur Startseite</a>";
}
else
{
  echo "Error" . $sql1 . "<br/>" . $conn->error;
}

catch (mysqli_sql_exception $e){
  echo "Die Bezeichnung existiert bereits. Bitte wählen Sie eine neue Bezeichnung.<br>
        <input type='button' value='Zurück' onclick='history.back()'>";
}
```

Abbildung 14: Transportskript zum Anlegen einer neuen Aufgabe[31]

4 Schluss

4.1 Zusammenfassung

Das Ziel des Assignments war die technische Realisierung eines wenig komplexen Online-Systems in Form eines Aufgabenmanagements auf Basis des zuvor konzipierten Prototyps aus dem Modul WIN30 und des wiederum darauf basierenden Pflichtenhefts aus WIN31.

In Bezug auf die vorliegende Arbeit kann unter Berücksichtigung der beiden vorangegangenen Module WIN30 und WIN31 die erfolgreiche Realisierung des Aufgabenmanagements festgehalten werden. Die Auszeichnungssprachen HTML und CSS, die Skriptsprachen PHP und JavaScript, sowie die Datenbanksprache SQL wurden praktisch angewendet um eine dynamische Webumgebung zur flexiblen Aufgabenverwaltung zu erzeugen.

Es wurde die Vorgehensweise unter Berücksichtigung des Pflichtenhefts zur Erstellung des Aufgabenmanagements beschrieben. Dafür fand eine Analyse der Projektorganisation statt, worauf eine Einteilung des Vorhabens in mehrere Phasen erfolgte. Nachfolgend wurde innerhalb der Konzeptionsphase als Einstiegspunkt die Erstellung von Lösungskonzepten und der Architektur des Gesamtsystems durchgeführt.

---

[31] Eigendarstellung

Auf Basis der Vorarbeit hat die Realisierung der Webanwendung unter Verwendung der Programmierkenntnisse in den Sprache HTML, CSS, JavaScript, PHP und MySQL stattgefunden. Zu Beginn wurde die Datenbank entsprechend des erstellen ER-Modell (siehe Abbildung 2) umgesetzt. Daraufhin folgten die Strukturierung und Ausarbeitung des Designs der Webseiten. Zuletzt wurde die Logik und Dynamik durch die Erstellung von PHP- und JavaScript-Code implementiert.

4.2 Kritische Würdigung

Im Zuge der Umsetzung des Projekts haben sich bestimmte Funktionen, die im Prototyp beschrieben wurden, als überflüssig herausgestellt. Hierzu zählt unter anderem das Dropdown-Menü im Feld jeder Aufgabe. Da eine Aufgabe automatisch als fertig markiert wird sobald die Fortschrittsanzeige 100% erreicht und der Bearbeitungsmodus über einen Klick auf die Bezeichnung erreichbar ist hat sich der Autor gegen die Implementierung eines zusätzlichen Dropdown-Menüs mit diesen redundanten Funktionen für jede Aufgabe entschieden.

Weiterhin wurde das Dropdown-Menü für die extrahierte Ansicht von Aufgaben nach dem Kriterium „Zustand" und das Suchfeld aus der Navigationsleiste aufgrund optischer Anpassungen direkt über die Auflistung der Aufgaben platziert.

Bezüglich des Designs könnten zukünftig noch weitere Anpassungen getätigt werden, die das Aussehen moderner wirken lassen und damit zudem die Ergonomie der Seite fördern.

Der in der Navigationsleiste vorgesehene Kalender verweist derzeit nur auf Google Kalender. Hierfür kann ein intuitiver Kalender, welcher die Aufgaben aus dem Aufgabenmanagement automatisch integriert, entwickelt werden.

Anhang

Anhang 1: Anmeldemaske des Aufgabenmanagements

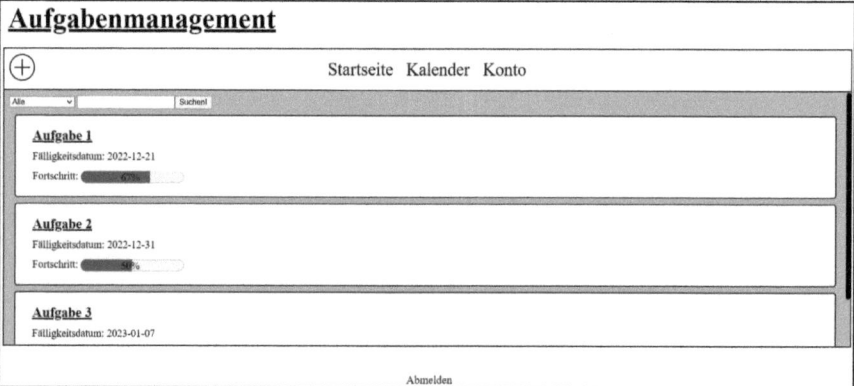

Anhang 2: Darstellung der Startseite und der Aufgaben in Form von Feldern

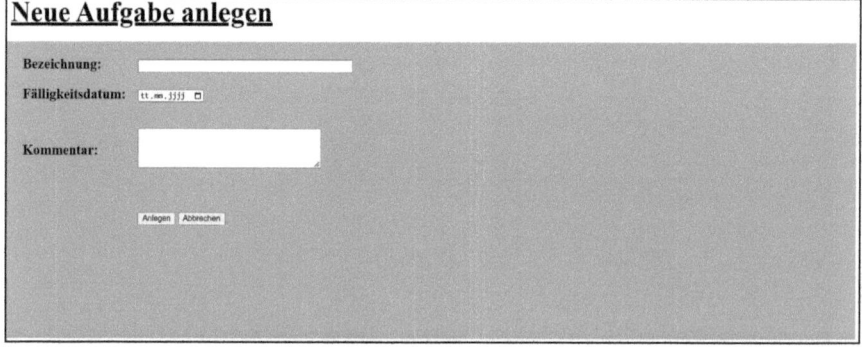

Anhang 3: Formular zum Anlegen einer neuen Aufgabe

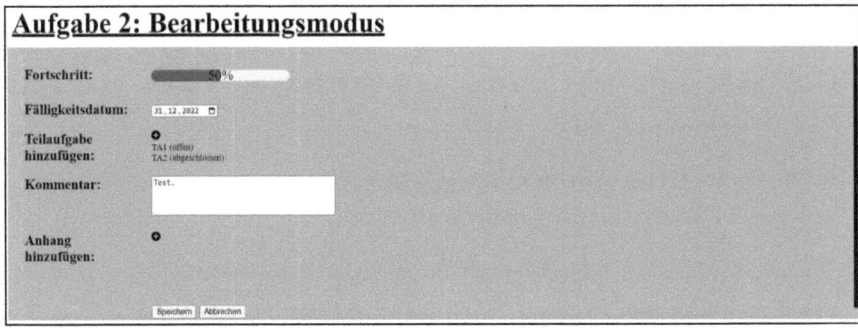

Anhang 4: Bearbeitungsmodus einer bestehenden Aufgabe

Literaturverzeichnis

Becher, Margit (2021): XML – DTD, XML-Schema, XPath, XQuery, XSL-FO, SAX, DOM (E-Book: pdf-Dokument), 2. Auflage, Wiesbaden.

Bengel, Günther (2014): Grundkurs Verteilte Systeme – Grundlagen und Praxis des Client-Server und Distributed Computing (E-Book: pdf-Dokument), 4. Auflage, Wiesbaden.

Bewersdorff, Jörg (2018): Objektorientierte Programmierung mit JavaScript – Direktstart für Einsteiger (E-Book: pdf-Dokument), 2. Auflage, Wiesbaden.

Böhringer, Joachim/Bühler, Peter/Schlaich, Patrick/Sinner, Dominik (2014): Kompendium der Mediengestaltung – IV. Medienproduktion Digital (E-Book: pdf-Dokument), 6, vollständig überarbeitete und erweiterte Auflage, Berlin, Heidelberg.

Bühler, Peter/Schlaich, Patrick/Sinner, Dominik (2017): HTML5 und CSS3 – Semantik · Design · Responsive Layouts (E-Book: pdf-Dokument), Berlin.

Bühler, Peter/Schlaich, Patrick/Sinner, Dominik (2018): Webtechnologien – JavaScript · PHP · Datenbank (E-Book: pdf-Dokument), Berlin.

Ernst, Hartmut/Schmidt, Jochen/Beneken, Gerd (2020): Grundkurs Informatik – Grundlagen und Konzepte für die erfolgreiche IT-Praxis - Eine umfassende, praxisorientierte Einführung (E-Book: pdf-Dokument), 7. erweiterte und aktualisierte Auflage, Wiesbaden.

Ho, Don (o.J.): What is Notepad++, https://notepad-plus-plus.org/ (Zugriff am 20.11.2022).

Kleuker, Stephan (2016): Grundkurs Datenbankentwicklung – Von der Anforderungsanalyse zur komplexen Datenbankanfrage (E-Book: pdf-Dokument), 4. Auflage, Wiesbaden.

Kuster, Jürg/Bachmann, Christian/Hubmann, Mike/Lippmann, Robert/Schneider, Patrick (2022): Handbuch Projektmanagement – Agil - Klassisch - Hybrid (E-Book: pdf-Dokument), 5. vollständig überarbeitete und erweiterte Auflage, Berlin.

o. V. (o. J.): Linux-Server für serverseitige Internet-Anwendungen, https://www.edv-lehrgang.de/linux-server/ (Zugriff am 21.11.2022).

Rohr, Matthias (2018): Sicherheit von Webanwendungen in der Praxis – Wie sich Unternehmen schützen können - Hintergründe, Maßnahmen, Prüfverfahren und Prozesse (E-Book: pdf-Dokument), 2. vollständig überarbeitete und aktualisierte Auflage, Wiesbaden.

Schicker, Edwin (2017): Datenbanken und SQL – Eine praxisorientierte Einführung mit Anwendungen in Oracle, SQL Server und MySQL (E-Book: pdf-Dokument), 5. aktualisierte und erweiterte Auflage, Wiesbaden.

Strato (Hrsg.) (o. J.), https://www.strato.de/hosting/ (Zugriff am 21.11.2022).

Studer, Thomas (2019): Relationale Datenbanken – Von den theoretischen Grundlagen zu Anwendungen mit PostgreSQL (E-Book: pdf-Dokument), 2. überarbeitete und erweiterte Auflage, Berlin.